# OBSERVATIONS

*Sur la suppression des Chambres des Comptes, proposée à l'Assemblée Nationale*

ET

*Sur la nécessité de l'établissement d'une Cour Nationale des Finances, Unique.*

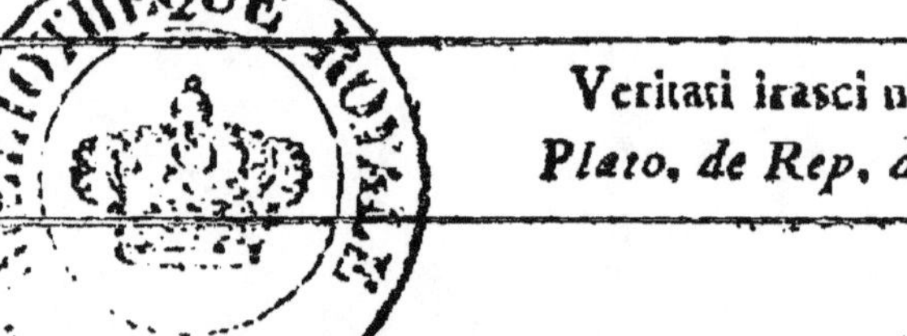

Veritati irasci nefas est.
Plato, de Rep. dial. V.

1790.

# OBSERVATIONS,

*Sur la suppression des Chambres des Comptes, proposée à l'Assemblée Nationale,*

## ET

*Sur la nécessité de l'Établissement d'une Cour Nationale des Finances, Unique.*

Veritati irasci nefas est.

*Plato. de Rep. dial. V.*

DANS l'ordre hiérarchique des Tribunaux que l'Assemblée Nationale se proposé d'établir pour le maintien et la perfection de l'édifice de la Constitution, la Chambre des Comptes (1) par sa nature, son antiquité, l'importance de son institution et

---

(1) Par la Chambre des Comptes, on n'entend que la *Chambre des Comptes de Paris*, la seule qui mérite véritablement le titre de Cour des finances, tant, parce que plusieurs des autres Chambres des Comptes n'en sont que des démembrements, ou pour ainsi dire, comme des parties dispersées d'un même Tribunal, que parce qu'elle exerce seule et exclusivement à toutes les autres, des fonctions particulieres, et aussi parce qu'elle réunit le plus grand nombre de comptabilités; la Chambre

A

la nécessité de ses fonctions, mérite singulierement l'attention de l'Assemblée Nationale. L'organisation dont elle susceptible,
et qu'il est à désirer qu'elle éprouve, doit
influer infiniment sur le rétablissement de
l'ordre dans les finances, et par cela même,
doit lui faire occuper une place particuliere
parmi les tribunaux.

On ne sauroit supposer qu'en proposant
de supprimer les Chambres des Comptes, on
n'ait pas eû l'intention de laisser subsister,
ou d'établir au moins un Tribunal équivalent sous une dénomination quelconque.

*Nécessité d'une Chambre des Comptes ou Cour des finances.*

Il est impossible qu'il n'existe pas au
moins une Chambre des Comptes, sa nécessité est indispensable pour la comptabilité des deniers royaux ou publics, le main-

---

des Comptes a encore le droit, aux termes et en
exécution des ordonnances, de recueillir dans ses dépôts, l'universalité des doubles de tous les comptes, tant
généraux que particuliers, qui se rendent aux autres
Chambres des Comptes, à l'effet d'un plus parfait examen des comptes du trésor royal, et pour la facilité
de la formation de l'Etat des Finances, que par les anciens réglemens, elle devoit remettre annuellement sous
les yeux du Roi, et que sous tous ces rapports, on
peut dire que les autres Chambres des Comptes lui sont
restées en quelque sorte comme subordonnées.

tien , la conservation ou l'administration des droits appellés régaliens et des Domaines royaux ou nationaux ; car, de la nécessité de recevoir et de dépenser, il résulte celle de se rendre raison et parconséquent de compter; dans tous les tems, à Athènes (1), à Rome et chez toutes les nations qui ont eu un trésor public, il y a eu des Chambres des Comptes, où des tribunaux qui sous d'autres dénominations, en remplissoient les fonctions.

En France , la Chambre · des Comptes a existé depuis le commencement de la Monarchie. On y a vu non-seulement des Princes Apanagistes et de Grands Vassaux de la Couronne , avoir des Chambres des Comptes ; mais on y a vu et on y voit encore des Seigneurs d'un rang inférieur et sans être Souverains, avoir auprès d'eux un pareil Tribunal. Il suffit d'avoir des domaines considérables , des droits féodaux à exercer , pour avoir besoin du ministere d'une Chambre des Comptes, ou d'un Tribunal équivalent. De simples Communautés de Religieux n'ont-ils pas des personnes préposées pour le maintien et la

______

(1) Voyage d'Anacharsis, 1er. vol. chap. 15.

conservation de leurs titres et la liquidation des droits dépendans de leurs domaines ? n'ont-ils pas des chartriers, des terriers, des gens pour conserver ces titres, des Procureurs-Fiscaux pour la demande et la poursuite de ces droits, des préposés pour en faire la perception et d'autres pour en suivre la comptabilité? Tous ces soins sont économiques, administratifs et judiciaires, et s'ils sont nécessaires pour des propriétés médiocres, comment pourroit-on concevoir qu'on pût s'en dispenser pour une Nation qui a des perceptions à conserver & à régir sur un territoire d'environ 40 mille lieues de superficie, des droits régaliens à exercer sur 24 millions d'individus, et la surveillance d'un maniment annuel de 5 à 600 millions à recevoir et à payer, indépendamment de remboursements à faire, qui s'élevent à plusieurs centaines de millions ?

C'est pour tous ces objets, qu'il y a toujours eu une Chambre des Comptes, qui, jusqu'à présent, a été chargée de veiller aux intérêts du Roi et à l'emploi des deniers de l'État (1).

---

( 1 ) L'Encyclopédie Méthodique, Traité de la Jurisprudence, au mot Chambre des Comptes, contient une analyse succinte et très-exactement faite, de l'origine et

On pourroit apporter en preuve de ce qui vient d'être dit plusieurs Auteurs anciens et modernes, notamment Pasquier, qui a été particulierement l'Historien de la Chambre des Comptes, les Loix citées par Fontanon, les ordonnances du Louvre; mais il s'agit de former une constitution toute nouvelle, sans avoir aucun égard à ce qui a été dit et fait jusqu'à présent; on se bornera donc à démontrer par les simples lumieres de la raison, et par une suite des décrets que l'Assemblée Nationale a déja donnés et de ceux qu'elle doit rendre pour le rétablissement de l'ordre dans les finances, la nécessité indispensable d'une Cour des Comptes, ou des Finances que l'Assemblée Nationale ne peut s'empêcher d'établir, sous telle dénomination qu'elle jugera convenable, mais toujours avec des fonctions suffisantes pour être dépositaire des titres et documents de la Couronne, maintenir et administrer les droits régaliens, conserver et surveiller l'administration des domaines qui resteront

---

des fonctions de la Chambre des Comptes, de son état actuel et de son utilité. Format in-4°. Tom. 2, p. 417 et suivantes.

A iij

au Roi , connoître de la comptabilité do tous les deniers publics , suivre les remboursements et l'extinction totale de la Dette Nationale, et empêcher par sa surveillance les abus énormes et infinis qui peuvent avoir lieu dans les matieres de finance. Un Peuple tout nouveau à qui il s'agiroit de donner une constitution, devroit s'empresser d'avoir un pareil Tribunal, s'il posséde des propriétés territoriales, et s'il a des tributs à recevoir et des dépenses à acquitter ; à plus forte raison une grande Nation, qui a d'immenses revenus à recevoir , de grandes dépenses à faire, des dettes énormes à acquitter et à rembourser, et qui n'est tombée dans le désordre où elle se trouve aujourd'hui , que par la foiblessse de l'autorité, à laquelle les entreprises Ministérielles ont réduit la Chambre des Comptes.

Pour démontrer l'existence nécessaire d'un pareil Tribunal, rappellons et parcourons maintenant tous les objets qui doivent être de sa compétence.

 La Chambre des Comptes a deux caracteres, qui lui sont essentiels ; celui d'être gardienne et conservatrice des titres, droits et documents de la Couronne et celui de suivre la comptabilité de tous les revenus publics et de toutes les sommes que la Nation est dans le cas de payer. Ces deux fonctions sont indispensablement liées l'une à l'autre, parce que la Garde et la Conservation des titres et documents relatifs aux droits régaliens, qui sont presque tous utiles et profitables au Trésor Public, lui donnent, comme cela doit être, des renseignemens et des moyens pour les administrer et en suivre exactement la comptabilité.

En commençant par les droits territoriaux, qui appartiennent au Roi ou à la Nation, il faudra toujours un Tribunal dépositaire des connoissances et renseignemens nécessaires sur la situation locale, l'étendue et la nature de ces domaines, et c'est ce que la Chambre des Comptes seule possede.

*Objets Domaniaux.*

*La Chambre des Comptes considérée comme dépôt universel des archives de la Nation.*

(1) On a décreté, à la vérité, l'aliéna-

*Propriétés territoriales Immobiliaires.*

---

(1) N'y auroit-il pas beaucoup d'inconvéniens à aliéner dans un même moment la totalité des domaines royaux ? Ne seroit-il pas plus avantageux pour les intérêts de l'Etat de les faire régir pendant quelques tems par les Assemblées de départemens ?

A iv

tion d'une partie de ces domaines , mais il restera toujours la partie des bois et forêts qu'on juge à propos de conserver , ainsi que les maisons , châteaux et parcs pour l'usage du Roi. Il faut encore , sous ce rapport , un Tribunal conservateur , inspecteur et administrateur de ces biens.

*Propriétés purement Mobiliaires.* Faut - il se retrancher au simple mobilier de la Couronne , qui renferme les Diamans, les Bijoux; aux Trésors religieux qui sont dans les églises et chapelles Royales ; aux meubles meublans , qui sont au dépôt du Garde meuble? Les inventaires en sont remis à la Chambre des Comptes, qui a la surveillance de cette propriété mobiliaire. Cette garde et cette surveillance devroient aussi lui être attribuées , sur les Bibliothéques appartenantes au Roi , sur les tableaux , les cabinets de curiosité et généralement sur tout ce qui peut former une propriété Royale Mobiliaire , et ce n'est que par des abus ministériels , qu'on lui a *La Cham-* *bre des* enlevé la Garde et la Sur-intendance de ces *Comptes ju-* *ge et Con-* derniers objets. *servatrice* *des titres des* *propriétés in-* *corporelles.* La Chambre des Comptes a encore la partie des droits seigneuriaux et féodaux (1) dont l'Assemblée Nationale a décrété à la vérité l'abolition ; mais comme elle ne l'a

---

(1) La Chambre des Comptes a la Jurisdiction sur les vassaux Laïcs et Ecclésiastiques de la Couronne. Elle reçoit leurs actes féodaux, les admet ou les rejette, parce qu'elle a été établie juge de la forme et de la validité de ces actes. D'après les anciens réglemens et ordonnances du royaume, elle doit recevoir la déclaration des biens temporels du Clergé ; ces déclarations se sont faites pendant plusieurs siecles avec assez d'exactitude ; les dépôts de la Chambre des Comptes en contiennent la preuve et réunissent à ce sujet plus de 600 mille titres ; mais la protection accordée depuis long-temps au Clergé, à la faveur de prétendus Dons Gratuits, pour suspendre les déclarations qu'il est tenu de faire de ses biens temporels, a singulierement contribué à accoutumer les Vassaux Ecclésiastiques à ne plus reconnoître sa jurisdiction, et à l'exception des Evêques ( qui, pour se mettre en possession de la régale, dont le Roi leur abandonne toujours les fruits, et pour empêcher la saisie de leur temporel par le Procureur-général de la Chambre des Comptes, y font registrer leur serment de fidélité et les lettres de dons de fruits de cette régale ), on n'a vu paroître à la Chambre des Comptes depuis plus d'un siecle, les Vassaux Ecclésiastiques de la Couronne, et ils se sont de cette maniere affranchis de la principale de leur obligation envers la Nation.

Ne conviendroit-il pas que des doubles des déclarations, que les Gens d'Eglise sont tenus de faire devant les Municipalités, en exécution du décret de l'Assemblée Nationale du 13 novembre 1789, fussent déposés à la Chambre des Comptes, à l'effet d'y avoir, au besoin, plus facilement recours et de pouvoir réunir en un seul et même point toutes les connoissances anciennes et nouvelles sur l'état et la consistance des biens du Clergé?

fait que conditionnellement et à la charge du rachat de la part des vassaux, l'effet en est encore bien éloigné. Il se passera peut-être un siécle avant que le Roi perde cette propriété domaniale qui s'étend sur tous les grands fiefs relevans de la Couronne. Le Marquisat de Nesle en fournit un exemple. Il réunit, dit-on, plus de 2,200 fiefs, parviendra-t-il à obtenir de sitôt le rachat de tous ces fiefs divisés entre plus de 300 propriétaires ? Tous ces rachats seroient effectués par les Vassaux du Marquisat de Nesle, que le Seigneur propriétaire du Marquisat ne voudroit peut-être pas faire ce rachat pour lui-même, à cause des sommes énormes qu'il faudroit payer au Roi. Cette partie du régime féodal, qui ne peut être éteint que par une longue suite d'années, nécessite l'existence de la Chambre des Comptes, et il est encore problématique que dans un siécle d'égoïsme, des propriétaires préférent de s'occuper de

<sup>Des droits ci-devant connus sous la dénomination de Droits Régaliens.</sup>

remboursements, qui ne profiteroient qu'à leurs héritiers ou successeurs.

Si après avoir parlé des droits territo-

riaux ou domaniaux, des propriétés mobiliaires de la Couronne et des droits féodaux,
on vient aux Droits Régaliens qui sont main-
tenus, surveillés et souvent exercés au nom
du Roi par la Chambre des Comptes ( 1 )
et qui ne peuvent jamais l'être ni par
l'Assemblée Nationale, ni par les Assemblées de Départemens, on se convaincra
encore de la nécessité de l'existence d'une
Chambre des Comptes, ou d'un Tribunal
quelconque qui réunisse les mêmes fonctions et exerce les mêmes pouvoirs.

Pour sentir la vérité de cette assertion, il
suffit de mettre sous les yeux, les principaux
de ces droits généralement reconnus régaliens, c'est-à-dire, appartenir au Monarque seul.

Un des principaux droits régaliens
est celui de faire battre monnoie et de
fixer la valeur des matieres d'or et d'argent avec le poids et le titre de ces matieres.

---

( 1 ) La Chambre des Comptes reçoit pour le Roi la
Foi et Hommage, non-seulement des grands fiefs, mais
encore de plusieurs dignités relevant du Roi à cause de
sa Couronne.

L'exécution des réglements concernant la fabrication de l'or et de l'argent, appartenoit autrefois à la Chambre des Comptes de Paris, qui conserve encore dans le département de ses travaux, le nom d'une Chambre des Monnoies. Il a plu à l'un des Rois prédécesseurs de former d'un démembrement de la Chambre des Comptes, un Tribunal que l'on appelle, Cour des Monnoies, à qui on attribue la connoissance des objets qui regardent la fabrication des monnoies, ainsi que la police et l'exécution des réglements concernant l'Orfévrerie. Il seroit peut-être convenable de restituer à la Chambre des Comptes ce qui a été distrait de son ancienne Jurisdiction par des motifs de bursalité.

Il est vrai que la Chambre a continué de conserver pour raison de la comptabilité de cette partie des finances, une sorte de Jurisdiction sur les Officiers de la Cour des Monnoies, qu'elle a le droit de mander, pour venir rendre compte des motifs de leurs jugemens, dans le travail des matieres. C'est à raison de cette comptabilité, que tous les réglements concernant la fabrication et le titre des monnoies lui sont

nécessairement adressés, et certainement on
ne peut pas dire, que cette comptabilité puisse
appartenir à d'autres qu'à une Chambre des
Comptes. On pourroit ajouter encore , que
cette comptabilité exige des études et des
connoissances très-étendues , et une habitude particuliere des opérations mathéma-
tiques, qui sont dans cette partie d'autant
plus multipliées et difficiles , qu'elles sont
relatives au titre et au poids des matieres.

Par une suite du même droit régalien ,
les Rois ont réglé jusqu'à présent dans le
royaume l'espece des poids et des mesures.
Si depuis Louis XI le Monarque ne s'est
point occupé de cet objet, c'est sans doute
parce que la fiscalité ne trouvoit pas assez
à y mordre. Il faut espérer que l'Assemblée
Nationale s'occupera d'objets aussi dignes
de son attention , et alors c'est à la Chambre des Comptes qu'on doit regarder comme une Cour Nationale , et en même
temps comme une Cour Archiviste et Dépositaire des Actes Royaux et Nationaux ,
à qui il appartient de conserver tous les
Étalons ou Matrices de ces poids et mesures

avec les procès-verbaux de comparaison des anciennes mesures avec la nouvelle.

*Graces et Récompenses.* Un autre droit jusqu'à présent régalien, est celui de donner des Pensions pour récompenses de services, de distribuer par les mêmes motifs, des dignités et des honneurs ; ces récompenses, ces graces, ne peuvent être données que par des titres, brevets ou diplômes, émanés de l'autorité Royale qui doivent être non-seulement transcrits dans les registres de la Chambre des Comptes, à cause de la liaison que ces graces peuvent avoir avec la comptabilité ; mais aussi qui doivent y être registrés après mure délibération, pour que ce Tribunal puisse juger qu'il n'y a ni abus, ni subreption, ni, en un mot, rien de contraire aux Loix et aux Décrets que l'Assemblée Nationale établira à ce sujet.

Il en est de même des Diplômes ou lettres d'érection de terres en dignités, concessions de foires et marchés, lettres d'anoblissement, de légitimation, de naturalité, qu'il n'appartenoit jusqu'à présent qu'au Roi de donner et dont les enregistrements se faisoient à la Chambre des

Comptes. On ignore les modifications et restrictions que les Décrets de l'Assemblée Nationale pourront apporter aux objets ci-dessus; mais quelques changements que l'on puisse apporter dans l'exercice de ces droits régaliens, il en restera toujours des vestiges qui exigeront des formes, dont l'exécution doit être confiée à une Cour ou Tribunal, tel que la Chambre des Comptes.

Si d'ailleurs la plûpart de ces droits sont abolis, et ne doivent plus avoir lieu, il reste encore des droits régaliens qui ne peuvent être anéantis et qui doivent être régis et administrés par une Cour des Finances; sans parler du droit d'Aubaine, qui vraisemblablement sera entierement aboli, comme injuste et contraire au droit naturel, il subsistera toujours des droits de deshérence et de bâtardise, un droit de propriété dévolu au Monarque sur les terres vaines et vagues, sur les isles et islots formés par des alluvions et par des attérissements et généralement sur tout ce qui ne pouvant appartenir à aucun individu en particulier, peut être réclamé par la Nation en général

Deshérence et Bâtardise.

et être réputé lui appartenir , et c'est à tous ces caractères qu'on peut dire de la Chambre des Comptes , que c'est un Tribunal vraiement National. On peut bien donner une autre organisation à la Chambre des Comptes , mais il est impossible qu'il n'existe pas un Tribunal à peu près semblable , à qui seront accordées les mêmes fonctions.

**OBJETS DE COMPTABILITÉ.** A toutes ces fonctions qui sont , à la vérité, principalement conservatrices et administratives , mais qui comportent aussi le pouvoir judiciaire , il faut joindre la comptabilité avec ses accessoires , dont la connoissance et le jugement sont attribués à la Chambre des Comptes.

**Connoissances qu'exige la comptabilité des Deniers Publics,** C'est sur cette matiere que les Officiers qui la composent et qui exercent à cet égard la plénitude du pouvoir judiciaire , ont besoin de réunir toutes les connoissances du Droit Civil , qui sont nécessaires aux Magistrats de tous les Tribunaux et d'y ajouter encore la connoissance d'une quantité de Loix Fiscales , inconnues de la plûpart des Jurisconsultes , parce qu'elles ne sont propres

qu'à

qu'à la comptabilité, et ne sont exécutées que par les seuls membres de la Chambre des Comptes, qui pour remplir leurs fonctions, sont encore assujettis à acquérir des connoissances de pratique, indépendantes de la théorie, c'est-à-dire, une connoissance des formes, un usage, une habitude de calculs qui embarrasseroient les plus habiles Professeurs en Droit.

En effet pour avoir une idée des travaux qu'exige la comptabilité, qui, au premier apperçu paroît être une chose fort simple, et qui néanmoins est si compliquée, il suffit de faire appercevoir la quantité énorme de pieces qui sont rapportées sur un seul compte des rentes de l'Hôtel-de-Ville. *Formalités de la comptabilité.*

Chaque compte des rentes a environ 20 à 25 mille pieces justificatives ; qui doivent être toutes lues et examinées par les Rapporteurs. D'abord la quittance, pour s'assurer si elle a la teneur suffisante, et la légalité prescritte, ensuite les pieces qui justifient les transmissions de propriétés ; et comme ces propriétés peuvent être distribuées et divisées entre des domiciliés dans différentes provinces, ils ne peuvent porter leur jugement, qu'avec une grande connoissance des Loix civiles et coutumieres, et il leur faut en même temps la théorie, la pratique et la capacité du Légiste et du Notaire et encore la science des loix propres et particulieres à la comptabilité ; enfin il faut à l'Auditeur des Comptes toute l'attention et la patience nécessaires pour empêcher les omissions de recette, les faux ou doubles emplois si aisés à pratiquer dans de grandes comptabilités.

Un compte de remboursement exige encore plus d'attention , parce qu'il n'y a point de remboursement qui ne soit accompagné d'une plus grande quantité de pieces justificatives , nécessitées souvent par une longue série de propriétés.

S'agit-il d'un compte de Guerre (1), ou de Marine, de Ponts et Chaussées, de Fortifications, ou des Bâtimens sur lesquels il faut rapporter des marchés , des devis, des adjudications ; il faut examiner les clauses et conditions de ces marchés , calculer, ou

---

( 1 ) Les comptes de la guerre et de la marine contiennent chacun, communément, 60 à 80 mille pieces.

*Nota.* Il passe en vérification annuelle à la seule Chambre des Comptes de Paris plus de 1,200 mille pieces.

au moins vérifier les mémoires qui sont rapportés, vérifier les Rôles et Revues des troupes qui ont mérité la solde; les routes, qui fixent les paiements des étapes; les listes ou états de ceux qui sont dans les hôpitaux ; les marchés faits avec les entrepreneurs et les retenues que les changements de lieux ou de fonctions occasionnent.

C'est d'après toutes ces connoissances, et autres semblables et également nécessaires, que la Chambre des Comptes juge de la légalité ou de l'illégalité des paiements et parconséquent de l'admission ou du rejet des pieces, qui sont rapportées par un comptable. On ne peut pas dire que ces fonctions ne soient pas essentiellement judiciaires, puisqu'elles peuvent conduire à la prononciation de peines purement civiles, comme le paiement d'un débet clair, la condamnation à l'Amende et aux Intérêts, la condamnation au Double au Triple et au Quadruple ; mais même à des peines corporelles et afflictives, s'il y a du délit ou de la malversation dans le maniment dont la punition est ordonnée par Loi, comme la rétention de deniers, les obmissions de recette volontaires, et le faux dans les pieces. B ij

C'est sans doute pour n'avoir pas toutes les connoissances des fonctions intérieures de la Chambre des Comptes, qu'on a pu hasarder le projet de supprimer les Chambres des Comptes. Comment et par qui seroient-elles remplacées ?

Car sans doute on n'a pas prétendu anéantir la comptabilité qui est de droit naturel dans toute société qui a des recettes et des dépenses à faire.

*Difficulté d'allier les fonctions de la Chambre des Comptes, avec celles des Juges Civils ordinaires.*

Seroit-ce à des Juges Civils ordinaires qu'on attribueroit la comptabilité ? il faudroit donc les multiplier ? indépendamment de ce qu'ils n'ont aucune connoissance des loix fiscales, ils n'auroient ni l'habitude, ni la pratique du mécanisme que le bon ordre rend essentielles à un Tribunal de comptabilité. Ce seroit multiplier les ressorts sans économie, puisqu'il faudroit d'autant augmenter les Officiers des Tribunaux civils, et ce seroit en paroissant vouloir réunir, confondre réellement, diviser et affoiblir plutôt que de fortifier.

*Motifs qui empêchent que ses fonctions ne soient exercées par les Assemblées de départements.*

Attribuera-t-on la connoissance de la comptabilité définitive aux Assemblées de départements? Cela ne peut être encore, puisque ce ne sont que des corps administratifs, qui n'ont pas le pouvoir judiciaire et qui ne peuvent l'exercer suivant les Décrets constitutionels de l'Assemblée Nationale, qui a déclaré que le pouvoir judiciaire appartient au Roi, qui ne pouvant l'exercer par lui-même, est obligé de le faire exercer par des personnes qu'il voudra déléguer.

Reviendra-t-on à dire que le Roi pourra conférer ces pouvoirs judiciaires à quelques membres des Assemblées de départemens pour exercer le jugement de la comptabilité? mais ces membres arrivés à ces places par des élections successives, auront-ils la capacité et les connoissances nécessaires pour en remplir les fonctions, et cette habitude de pratique qu'un Auditeur des Comptes n'a complettement qu'après plusieurs années d'exercice? ne seroit-ce pas alors multiplier inutilement le nombre des Chambres des Comptes, diviser la Comptabilité, au lieu de la réunir à un point central où on puisse aisément avoir la connoissance des revenus et des dépenses qui concernent la Nation, et où on puisse en tous temps, faire la balance de la recette avec la dépense?  B iij

Ce seroit donc 80 Chambres des Comptes qui seroient dépositaires de moyens d'ordre et d'économie ? Mais au-lieu d'être ainsi variées, isolées et éparses, n'auront-elles pas plus de force et de clarté quand elles seront réunies dans un centre de régime et d'administration ?

Motifs qui s'opposent à ce que les mêmes fonctions soient exercées par l'Assemblée Nationale.

Enfin se persuadera-t-on que les travaux et les opérations de la Chambre des Comptes peuvent être confiés à une Commission prise dans le Sein de l'Assemblée Nationale, soit pendant la durée d'une Législature, soit à la sortie de la Législature ?

Mais indépendamment de ce que l'Assemblée Nationale dérogeroit elle même à ses propres décrets, en exerçant ainsi le pouvoir judiciaire, ce seroit toujours dans l'un et l'autre cas, avoir établi une véritable Cour des Finances, ce seroit en substituer une nouvelle à l'ancienne ; n'est-t-il pas préférable de quelque maniere qu'il convienne à l'Assemblée Nationale d'organiser la Cour des Finances, de la composer surtout d'officiers déja versés dans la connoissance ancienne des loix de finance, et familiarisés avec une besogne qui exige, comme on l'a dit, pour être bien faite, plusieurs années d'exercice et d'un même genre de travail ?

Plus on réfléchit sur le régime d'une comptabilité aussi importante que celle des finances de la France, sur la nécessité de de ramener la connoissance et la vérification des recettes et dépenses de l'état à un seul point, plus on se sent forcé de revenir à l'idée de n'établir qu'un seul tribunal, une seule Chambre des Comptes ou Cour des finances Unique, par la raison qu'il n'y a qu'un Propriétaire, qu'une Nation, qu'un intérêt commun et qu'un trésor public où doivent aboutir fictivement et réellement tous les revenus de l'État.

Cette Cour des finances, pour être plus utilement organisée, doit être dépositaire de tous les titres, papiers et documens qui peuvent servir à constater et conserver les droits et propriétés mobiliaires et immobiliaires de la Nation et de la Couronne.

En cette qualité de dépositaire et d'archiviste de la Nation et de la Couronne, on apperçoit tous les titres que la Cour des finances doit réunir. Les traités de paix et d'alliance, les contrats de mariage des Enfans de France, les contrats de vente et aliénations des domaines, les contrats et les évaluations d'apanages lorsqu'il y en aura ; en un mot, tous les actes qui peuvent produire, ou une altération, ou une augmentation dans les Domaines de l'État et dans les Propriétés Royales. L'enregistrement et la vérification libre et judiciaire de toutes lettres de Dons, la connoissance et l'enregistrement des lettres d'érection en dignités territoriales, personnelles ou héréditaires et celui des lettres de concessions que le Roi pourra être dans le cas d'accorder, à l'effet de juger si ces lettres ou concessions du Monarque, n'ont rien de contraires aux Loix Constitutionnelles et aux Décrets de l'Assemblée Nationale.

Elle doit aussi réunir dans ses dépôts tous les actes émanés de l'autorité royale, et qui forment pour chaque Secrétaire d'État, autant de dépôts particuliers; dispersés, presqu'inconnus, dont la garde est plus couteuse et moins sure, que s'ils étoient renfermés dans un seul et même dépôt, sauf à laisser aux Secrétaires d'État pour leur usage et leur service courant, les papiers et documents de vingt années antérieures.

Elle doit avoir encore par la même raison des états et inventaires de tous les effets mobiliers dont elle n'a pas la garde particuliere, comme les Bibliothéques Royales, les Meubles Meublans, les Joyaux, les Tableaux, les Statues et les objets de curiosité. Pour toutes ces choses il y a des Gardes particuliers sur lesquels elle doit avoir l'inspection et surveillance, et le droit de faire la visite et le récollement des mêmes objets quand elle le juge à propos.

Par une suite de ce qui vient d'être dit, ne conviendroit-il pas que la Cour des Finances eût rapport et correspondance avec les divers départements pour les objets de sa compétence, et qu'elle fût obligée de s'entendre avec les Assemblées de départements, soit sur les matieres de comptabilité, soit sur celles concernant les domaines nationaux et royaux, soit sur la liquidation des droits féodaux ; qu'en consequence pour la comptabilité, l'envoi des comptes des Trésoriers des différens départements lui fût fait par les Assemblées de départements, pour être

*Possibilité de ses relations pour la comptabilité avec les Assemblées de départemens.*

par elle examinés dans les délais, qui auroient été déterminés par l'Assemblée Nationale, après avoir été lesdits comptes
préalablement présentés aux Assemblées de
départements par les Trésoriers desdits départements, et vérifiés, sans aucune dis-
cussion de la validité ou invalidité des
pieces produites par lesdits Trésoriers, at-
tendu que les Assemblées de départements
ne peuvent dans l'esprit des Décrets de
l'Assemblée Nationale, exercer aucune espece de pouvoir judiciaire, et aussi afin que
la décharge pleine et entiere du maniment
desdits Trésoriers ne pût résulter que du
jugement de leurs comptes, par la Cour des
finances de l'État.

Cette Cour alors seroit tenue d'examiner
dans le courant d'une seule année, les
comptes des trésoriers des 80 départements,
de maniere que la décharge desdits Trésoriers ne pût demeurer suspendue pendant
plus d'une année et que de la reddition de
tous ces comptes, la Cour des finances pût
en composer l'état annuel de la recette et
de la dépense de l'état qui seroit par elle
présenté dans les trois mois suivans à l'Assemblée Nationale.

Que pour les objets concernans l'administration des domaines de toute nature, appartenans à l'État, les contrats de ventes, aliénations de toutes les portions desdits domaines, ceux de liquidation des droits seigneuriaux à l'occasion des fiefs relevans du Roi, seront renvoyés par les Assemblées de département et réunis dans les dépôts de la Cour des finances pour servir à l'examen des comptes de l'Administration générale des Domaines Nationaux, dans les trois mois qui suivroient la vente, aliénation ou liquidation desdits objets.

*Ses rapports avec les départemens pour le jugement et la conservation des titres de la propriété Nationale.*

C'est par de pareils moyens, que la Cour des finances pourra donner une connoissance claire et précise de tous les revenus et de toutes les dépenses qui auront été faites pour l'État, et en présenter annuellement le tableau aux Assemblées Nationales ; c'est un moyen assuré par la suite, de faire disparoître la confusion et l'incertitude qui ont toujours régné jusques à présent dans la comptabilité : c'est enfin le seul moyen de connoître légalement par la

*Avantages de la réunion de la comptabilité de l'universalité des deniers publics dans un même Tribunal.*

balance des Recettes et Dépenses , l'État véritable des finances et le besoin d'augmenter ou de diminuer les impôts , connoissance , que le Ministre des finances ne pouvoit avoir lui-même ci-devant , que d'une maniere fort imparfaite. Et comme les impôts viennent de la Nation , et lui appartiennent ; que d'un autre côté les domaines royaux vont devenir nationaux , c'est par cette raison qu'on peut dire que de tous les Tribunaux que l'on veut établir , celui d'une Cour des Comptes et Finances est celui qui dans le droit et dans le fait , mérite le plus le titre de Tribunal National.

Objets de comptabilité qui ne peuvent appartenir à aucun département en particulier. On ajoutera à tout ce qu'on vient de dire , qu'une Chambre des Comptes sera encore indispensablement nécessaire pour les Comptabilités du Trésor Royal , des Remboursemens , du Paiement des rentes , de la Régie Générale des Monnoies , de la Ferme des Postes , des Fermes Générales et Particulieres et d'autres objets , ainsi que pour les recettes et dépenses qui sont personnelles au Roi , comme celles qu'il a à faire pour ses Bâtiments et Maisons Royales, toutes celles faites par les départements réunis des maisons du Roi et de la Reine , de Monseigneur le Dauphin et des Enfans de France, lesquels départemens comprennent aussi toutes les dépenses faites sous le nom de Chambre aux Deniers, Ecuries, Venerie , Argenterie , Menus Plaisirs , Prévôté de l'Hôtel , Gages et Appointemens des Officiers Domestiques.

On dira aussi que le Roi devant être ordonnateur en partie des dépenses de la Marine, de la Guerre et des Fortifications, après que l'Assemblée Nationale en aura déterminé le montant , ces objets doivent encore être portés à la Chambre des Comptes , ou Cour des finances.

Objectera-t-on que plusieurs de ces dernieres dépenses étant faites avec des Deniers Nationaux et non des Deniers Royaux, il faudroit une Chambre des Comptes Royale et une autre Chambre des Comptes Nationale ? Que nous en avons un exemple chez nos voisins (1) ?

_________________________________

(1) Les partifans du régime Anglais , n'ignorent

Mais pourquoi multiplieroit-on les Tribunaux, si pour parvenir au même but d'unité, d'ordre et de justice, on peut se contenter d'un seul et même Tribunal. Pourquoi supposer une séparation d'intérêts entre le Roi et la Nation, qu'on cherche au contraire à identifier sur des bases et des rapports qui ne doivent plus former qu'un seul tout, et une même volonté tendante à un bonheur commun.

On croit avoir prouvé qu'il est convenable à tous égards et indispensablement nécessaire d'avoir une Cour suprême des Finances et Domaines, un Tribunal Uni-

---

point que la Cour de l'Echiquier exerce en Angleterre la plûpart des fonctions de la Chambre des Comptes en France et que ce Tribunal divisé en Grand et Petit Echiquier est en même temps Garde des Archives et Papiers, Ligues et Traités avec les Princes étrangers, des titres des Monnoies, des Poids et des Mesures et d'un Livre fameux appellé le Livre de l'Echiquier ou *Livre Noir*, enfermé sous trois clefs, composé en 1175 par Gervais de Tilbury, neveu de Henri II, Roi d'Angleterre ; ce livre seroit-il aussi important que le *Livre Rouge* en France qui n'a jamais été déposé à la Chambre des Comptes ?

que de Comptabilité, qui devant réunir essentiellement les fonctions judiciaires, ne peut appartenir, ni à l'Assemblée Nationale qui s'est réservé le pouvoir législatif seul, ni aux Assemblées de Départemments, qui dans l'esprit des Décrets de l'Assemblée Nationale ne peuvent exercer qu'un pouvoir administratif.

De l'Imprimerie de la Veuve Delaguette, rue la Vieille-Drapperie.